兴蒙蒙古族乡传统建筑

云南兴蒙乡蒙古族文化丛书

云南省通海蒙古民族文化研究传承保护中心　编

云南出版集团
云南人民出版社

图书在版编目（CIP）数据

兴蒙蒙古族乡传统建筑 / 云南省通海蒙古民族文化研究传承保护中心编. -- 昆明：云南人民出版社，2017.11

（云南兴蒙乡蒙古族文化丛书）

ISBN 978-7-222-15559-6

Ⅰ. ①兴… Ⅱ. ①云… Ⅲ. ①蒙古族—民族建筑—建筑文化—文化研究—通海县 Ⅳ. ①TU-092.812

中国版本图书馆CIP数据核字(2016)第312404号

出 品 人：赵石定
项目统筹：张平慧　段兴民
责任编辑：王　逍
装帧设计：陶汝昌
责任校对：任　娜
责任印制：代隆参

书　名　兴蒙蒙古族乡传统建筑
　　　　XINGMENG MENGGUZU XIANG CHUANTONG JIANZHU
作　者　云南省通海蒙古民族文化研究传承保护中心　编
出　版　云南出版集团公司　云南人民出版社
发　行　云南人民出版社
社　址　昆明市环城西路609号
邮　编　650034
网　址　www.ynpph.com.cn
E-mail　ynrms@sina.com
开　本　787mm×1092mm　1/16
印　张　9.5
字　数　120千
版　次　2017年11月第1版第1次印刷
印　刷　云南国方印刷有限公司
书　号　ISBN 978-7-222-15559-6
定　价　58.00元
如有图书质量与相关问题请与我社联系
审校部电话：0871-64164626　印制科电话：0871-64191534

云南人民出版社微信公众号

编辑委员会

前言

诸论建筑之乡，诠释建筑文化

——介绍兴蒙蒙古族乡传统建筑

建筑是人类最重要的文化表象之一；建筑是“石头的史书”，是人类文化的纪念碑。建筑的综合性能代表一个国家、一个民族的风格和形象。建筑具有两个明显特点：一是普遍性，每个人都时时与建筑有关联，在建筑物内或建筑群体文化的氛围里生活。二是复合性，建筑是各种文化的综合表现，有巨大的艺术容量和强烈的艺术表现力。建筑文化被称之为“环境文化”和“背景文化”。

具有民族独特风格的建筑代表着民族的重要永久性标识。

一、“建筑之乡”的由来

兴蒙乡是云南省唯一的蒙古族聚居乡。是云南省自元代以来，始终保持着蒙古族特色的群体。经过760余年的演变，兴蒙乡人从驰骋征战的马背民族、金戈铁马的英雄勇士，变成撑船荡桨、张网捕鱼的行家，后又变成屯垦农耕的种植能手，也变成了建盖楼房的能工巧匠。

勤劳、勇敢、智慧的蒙古民族，在特定历史环境条件下，从明清开始就学会了建筑房屋的技术，而后又精益求精，成为滇中、滇南一带技术较高的建筑者。中华人民共和国成立前，蒙古族参与的建筑物有：通海秀山古楼聚奎阁楼、回民清真寺、个旧宝华山营庙、开远弥勒寺、蒙自四阁楼、昆明西山脚下的西园、南屏街的新闻银行、检阅台后的震庄、翠湖边上的卢汉公馆等等。中华人民共和国成立后的建筑有：玉溪地区医院、行署办公大楼、电影院、粮食局；通海县医院、礼乐饭店；景洪军分区大礼堂、办公楼、外宾招待所；蒙自电影院；省水利设计院办公楼、300号信

箱办公楼、宿舍等等。蒙古族的工匠遍及云南城乡，他们中的能工巧匠、优秀建筑工人曾被派到非洲的马里、东南亚的老挝、越南、缅甸等国家参加援建施工，为国家争得了荣誉。1982年还组织了22人的建筑小组赴内蒙古锡林郭勒援建锡林郭勒盟教研大楼。

兴蒙乡70年代末就成立了建筑公司，下设3个施工队，经国家主管部门评定，拥有10多名建筑工程师、助理工程师和300多名技术骨干。开始施工现代建筑，他们建筑的古式楼、台、亭、阁秀丽雅致，所建楼房宏伟壮观，深受用户欢迎和称赞，被誉为“云南建筑之乡”的美誉。

二、兴蒙乡传统建筑

（一）民居建筑

兴蒙乡民居普遍沿袭“三间四耳倒八尺”的住房结构。按照传统，楼上正中设家堂，供奉天地君亲师神位、本家司命灶君神位和祖先牌位，两边为客房，楼下正中为堂屋（客厅），两侧为卧室，四耳下层多作为厨房或摆放物品，正房与耳房之间为天井，天井外侧是倒八尺和大门，大门头上有的人家挂有题字匾额，也有木雕、浮雕做装饰。兴蒙乡的房屋比较有特点的一项技艺是防火墙（俗称“转檐风火”），即把露在外的椽子，用一层砖，若干层瓦将其包住，以防邻家失火殃及自家，在墙上还饰有各种花纹，既防火又美观。这是兴蒙人独特的一项建筑技术，汉族地方盖房时，也要请蒙古族的师傅去做。

兴蒙乡的住房面积从历史上就分为3种：186平方米、142平方米和112平方米。

住房特征多为坐北朝南或坐南朝北，前矮后高，各间的长、宽、高均有严格的要求。以“三间四耳倒八尺”为例，各间宽度为：正堂16瓦沟，侧房、耳房14瓦沟，正房高度、楼上8.7尺（鲁班尺），楼下9.9尺，称为一丈六六和一丈八六。防火墙既可防火防风、又华丽美观，正中的房脊用二层板瓦一层筒瓦砌成，脊的两端雕刻着口衔宝珠、欲将腾飞的龙头。整幢房屋布局合理，施工精细，做工考究，工艺精湛。

新居落成时，要举行“上梁礼”，在正梁上压一些碎银，正堂中放一升米，米上插一把弯尺、一把戥子，以纪念鲁班师父将建筑技术传授给蒙乡建筑祖师旃班，以戥子、弯尺保新居永远坚固、全家平安。

（二）古迹建筑

文物古迹是记录前人的身后文化并展示给后人的一种身前文化，是历史的记忆，不仅是文化的载体更是文化的浓缩和精华。

兴蒙乡宗祠庙宇遍及全乡各村寨。全乡有寺庙9座，供奉佛像和来自明间信仰的各种神像。有11个祠堂，也叫家庙。它的功能是宗族的标志性建筑，用来祭拜祖先和集体祭祀活动、供奉神主和祖先牌位的场所，是族人议事活动的中心，是宗族合力的物化形式。

乡内的“三圣宫”“三教寺”“观音寺”“活佛寺”“北海寺”等是典型的古建筑。

三圣宫，是土地殿及关圣殿的合称，又名“白阁寺”。始建于明嘉靖年间，其宫由正殿、厢房和山门组成。正殿塑着关公等人泥像。神像1967年被毁，1985年由老年协会发动群众重修。大殿重新塑了成吉思汗、蒙哥、忽必烈三位蒙古族祖先的泥像，因此改名为“三圣宫”。是蒙乡人民崇拜祖先，进行祭祀活动的场所。

2011年，兴蒙乡政府投资进行大规模的修建，成为了兴蒙乡的历史文化展馆。

三教寺，由玉皇阁、观音阁两座寺庙组成。元至正年间，在都元帅阿喇帖木耳的主持下，住下村古城的蒙古族筑孔圣殿建学立师。明洪武十四年在战乱中被毁。明嘉靖年间重建成儒、道、佛一体的大寺院，取名为“三教寺”。占地7200平方米，有正殿、配殿、厢房、下殿等建筑物。寺内有尊玉皇大帝、太上老君、观音、弥勒佛泥像。

正殿屏门是雕龙刻凤的木格子门，殿前有长方形月台，台上两棵大柱的柱基石是石雕雄狮，刻工精致，十分逼真。是一座雄伟壮观的古建筑群。

（三）石刻、石碑

石币库，在下村三教寺前。元代都元帅阿喇帖木耳建。库高5米，由底座、币库、童子、库顶组成。底座高80厘米，有凸凹线镶边。第二层是币库。中间空心，在宗教活动时，用来烧纸币用；四周呈六角形，每角立着雕有龙凤的石柱。正对面有两棵“双龙抢宝”，腾云驾雾，熠熠生辉。第三层仍为六角形，6棵犹如莲花的石柱耸立两端，层内

中央，供着牧童骑在雄狮上的石雕，形象逼真、雕工精致。顶层由第三层的6棵莲花石柱撑起。檐脊顶中央竖着琉璃色宝葫芦。整座币库全用花色青石料精雕细刻，精致足以全县称冠。是元代最著名的石雕工艺精品。但在“文革”时期被毁坏。

《都元帅府修文庙碑记》现存于兴蒙乡三圣宫内。此碑文16行，共545字，已列为通海县重点文物加以保护。此碑文反映了蒙古族在元代就懂得“以武得天下，以文治辅之”，颂扬忽必烈兴办儒学、以儒家治国平天下的思想。

《敕授宣慰司总管始祖公讳阿喇帖木耳蒙古右旃墓志》碑文48行，共655字，现存于兴蒙乡三圣宫内。已被列入县级文物保护单位。此碑文记录了蒙古族族源、历史变迁及祖先英烈的其人其事，是有别于其他名族的文化特征，是兴蒙乡蒙古族永不忘根和民族共同心理状态的集中反映。

三、建设美丽乡村，推进民族旅游发展

兴蒙乡蒙古族历经风霜血雨，凭借深入骨髓的民族认同感和民族气节，传承蒙古族传统文化和民族精神而形成的独具特色的南方高原蒙古族文化，推进文化旅游产业发展。一是强化传统村落保护工作；二是以白沙凹片区为主的新型特色村建设；三是进一步做好收集整理古迹文化、碑文、古建筑、民族服饰等工作，以及做好民族语言的教育教学和传承工作；四是着力打造文化艺术精品工作；五是大力推进旅游景点建设项目。把兴蒙乡打造成面向国内外的特色文化旅游小镇。

本册所编排的上百幅兴蒙乡特色建筑图片，供读者欣赏、借鉴与交流。

目　录

兴蒙乡外景图

蒙古人历滇七百五十年纪念碑

兴蒙乡蒙古包建筑

兴蒙乡全景图

兴蒙乡传统村落

2014年4月25日，国家住房城乡建设部、文化部、国家文物局、财政部，以建村〔2014〕61号联合文件，将兴蒙乡白阁、下村正式列入了第二批中国传统村落名录。

兴蒙乡古村落

古村落中的云南蒙古族历史文化展馆

下村古村落群

民居古村落

传统民居俯瞰图

传统民居俯瞰图

民居庭院

兴蒙乡古民居

传统节日——鲁班节

自明洪武二十年（1387年）起外出搞建筑做泥水匠的兴蒙乡人每年三、四月间都要回家搞栽插，回到家乡后匠友们相聚在一起会餐，相互诉说在外搞建筑的苦衷，鲁班节初具雏形。明朝天启年间（1621—1627年），流传着建筑祖师是旃班，再由旃班传给乡里人的传说。相传，四月初二是鲁班向建筑祖师旃班赠送《艺经》的日子，后来旃班也在每年的四月初二收弟子，培养了一代又一代建筑人才。建筑师傅们为了纪念祖师的恩德，把四月初二定为鲁班节。

传统古建分析

兴蒙乡传统古建筑融入周边汉族的建筑风格，主体格调以“一颗印”式的土木结构青瓦房为主，将蒙古族文化以含蓄内敛的方式蕴含于门楼木雕、柱脚石雕、墙体彩绘和青瓦封火当中，体现出一个民族的智慧和矜持。

传统古建筑沿凤山南麓边坡从山脚向南延伸，形成了砂石板路贯穿其间、错落有致的居住群。

民居正面

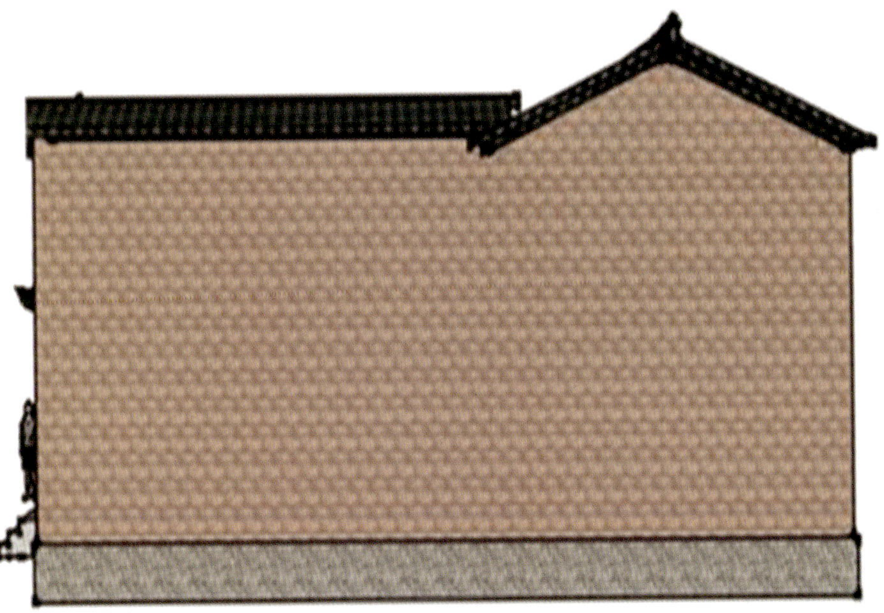

民居侧面

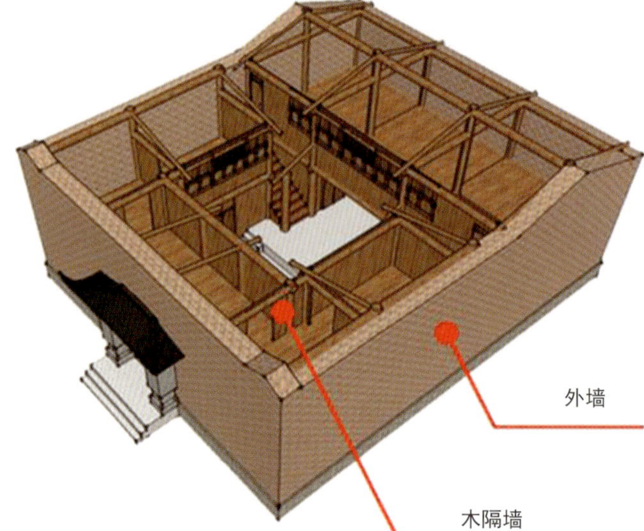
外墙
木隔墙

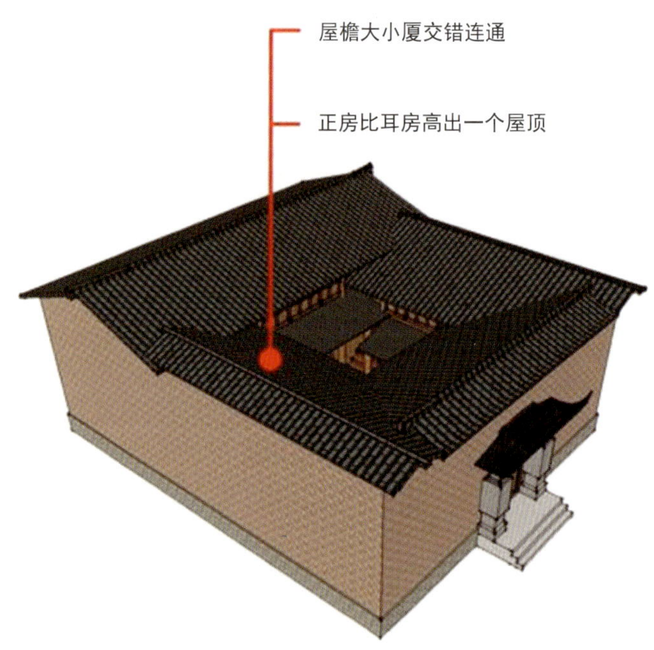
屋檐大小厦交错连通
正房比耳房高出一个屋顶

传统民居结构类型

半颗印

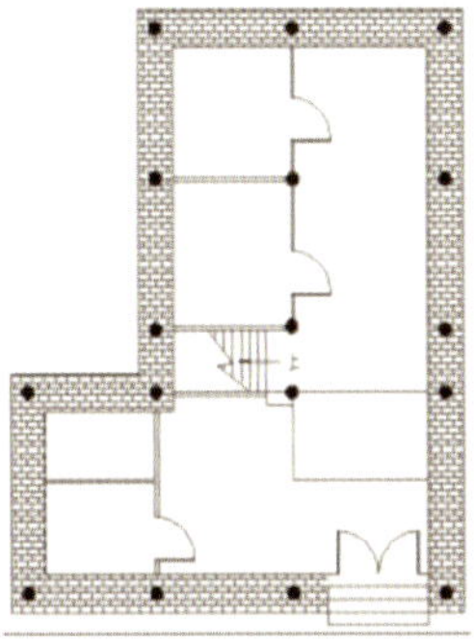

三间两耳

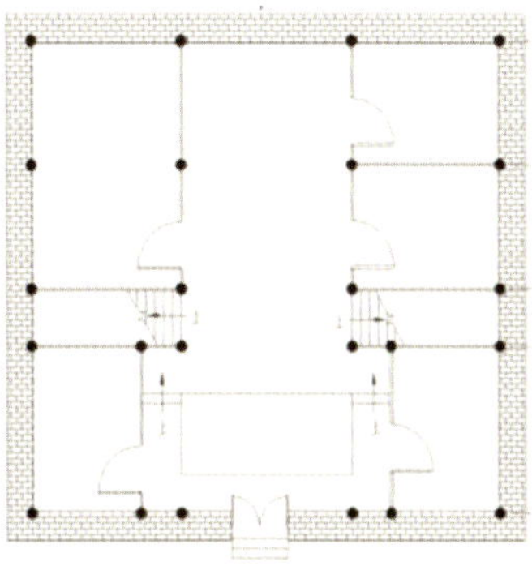

三间六耳

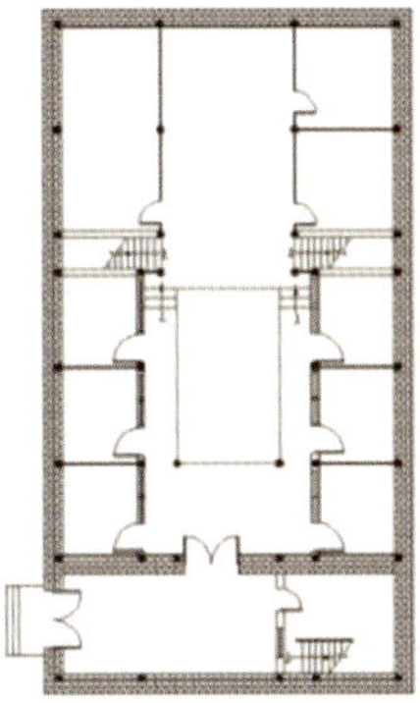

三间四耳

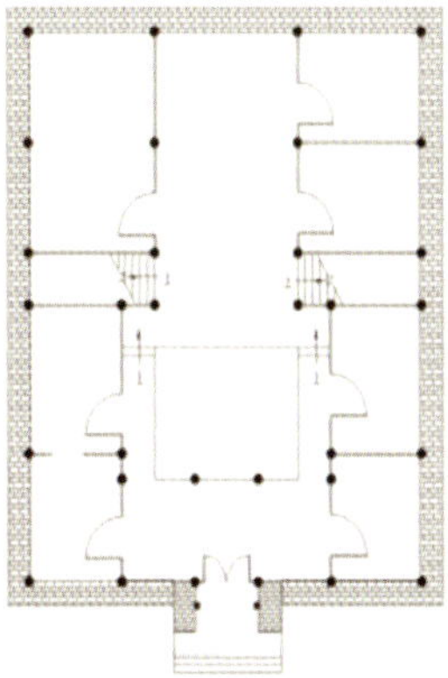

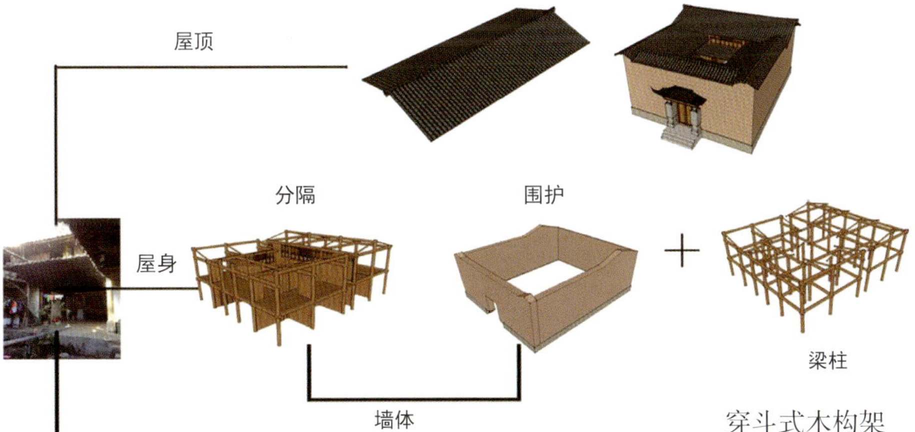
屋顶
分隔
围护
屋身
梁柱
墙体

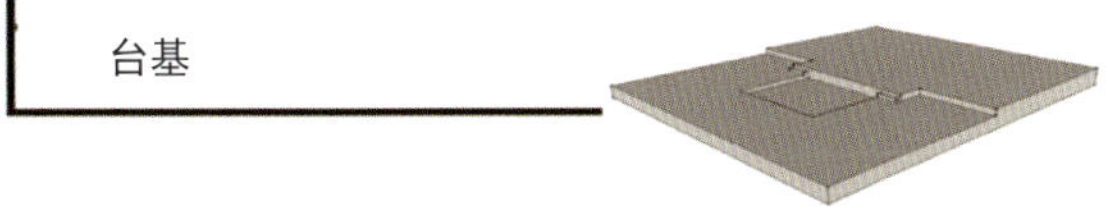
台基

平面及外形接近方形故称一颗印，前面开窗，采光通风良好

穿斗式木构架

穿斗式木构架是以檀和柱组成承重体系的结构形式，以四间两进或三间两进居多

传统民居内部分析

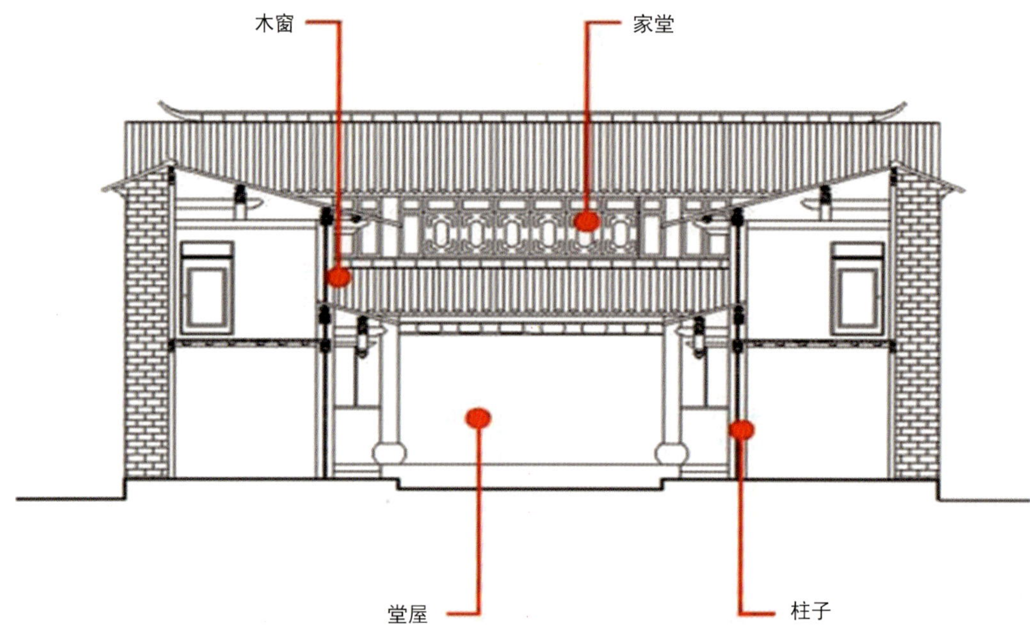

古宅倒八尺瓦屋面

民房正三间屋面

古宅贴墙门头正面图

白阁村古民居

下村古民居

桃家嘴古民居

古村落中的青石板巷道

古村落中的青石板巷道

古民居“倒八尺”

古民居大厦

民居古宅

古民居老宅

民居古宅转圆风火

民居古宅转圆风火

民居古宅脊头

古民居风火墙

古民居门头风火

古宅贴墙门头上层风火瓦檐

民居古宅“马鞍形”山墙

古民宅圆拱门、一砖五瓦平墙风火瓦檐

"U" 字形蒙眼瓦屋脊

古民居土基墙头平头土风火挑檐

古民居土风火挑瓦檐

古宅山墙土风火挑檐（草灰泥粉刷型）

古式土基墙挑土风火瓦檐砌筑

草灰泥粉刷墙面的古民居、出山挑檐、土风火挑檐

风摆须摇屋脊头驱赶鸟停歇法

古民宅山墙筒瓦护椽子、脊头驱鸟尖钉、出山挑檐挂蓑衣瓦

出山挑檐古民居

古民宅出山挑檐蓑衣瓦、筒瓦护椽子、板瓦护梁头

古老沉稳一砖五瓦风火瓦檐

两层砖挑五瓦风火砌筑

士第大门须弥座挑风火瓦、斗拱木雕挑飞檐翘角瓦

三圣宫“马鞍形”山墙

喀卓期氏宗祠“马鞍形”风火瓦转圆山墙

喀卓期氏宗祠“马鞍形”山墙瓦屋面

干沟重叠挡水瓦

各类型瓦当（勾头瓦）

各类型瓦当（勾头瓦）

古民居大门彩绘

古民居“福”字彩绘图

古民居八卦彩绘图

喀卓赵氏古宅大门头八卦彩绘图

中村书香门第大门全景图

喀卓赵氏古宅中隔照壁彩绘图

现存喀卓明清时期古宅外貌

古宅耳房山墙彩绘图

古宗祠配十二属相串屋脊、山墙彩绘图

古宅耳房山墙彩绘图

古宅大门头彩绘图

书香门第马鞍形山墙“万格窗”彩绘图

白阁禄氏古宅堂中“福”字、楹联彩绘图

古宅庭院照壁“鸢飞鱼跃”彩绘图

古民宅照壁“万”字彩绘图

白阁王氏古宅内院照壁“福”字彩绘图

桃家嘴古民居大门头双鱼彩绘图

古民居土风火挑檐粉刷彩绘

用黄心土粉刷的墙面

凤山独产黄心土取土处

三圣宫大门马头斗拱木雕

古民居门头木雕

古民居门头木雕

古民居门头木雕

古民居客堂匾额

古民居大门头木雕、飞挑瓦檐

古民居斗拱、木雕、挑檐

古民居门头木雕

古宅龙凤木雕悬空门头

古民居大门头木雕

古民居大门头木雕

古民居大门头斗拱雕花枋挑椽瓦檐

古民居马步梁挂方雕花

古民居大门头瓦檐雕花挂枋

阿扎拉塑像前万格窗

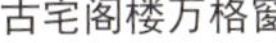

古宅阁楼万格窗

古宅客堂雕镂花格窗

玉麒麟衔芝木雕

凤凰传书木雕

士第大门头“福”字木雕

石雕须弥座、砖砌码头、须弥座挑风火瓦夹木格子雕花门

古宅山墙金色银青砖防水砌筑

青砖砌筑须弥座

夹花砖须弥座正视图

古民居大门石台阶

大门墩石雕须弥座

古民居闪八字大门、石雕须弥座、砖砌须弥座

八方形石雕接柱石

灯笼形接柱石

雕镂石鼓柱墩

石雕狮子

灯笼形接柱石

八方形接柱石

柱础石（伞盘石）

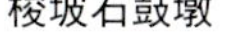

梭坡石鼓墩

脊骨石鼓墩托花盆柱基石

古宅中堂大案石菱形砌筑

干打垒石基上砌筑土基墙

元代干打垒石基、皮石石基、土基墙面

蒙乡鹅卵石干打垒砌筑屋基

砖砌城垛

元代毛石、土基墙砌筑大马厩

士第故居山墙金包银防水青砖砌筑

杞麓湖底珊瑚石砌筑石基

士第古宅土基砌筑圆拱双门

下村元代古井

下村元代古井小龙王阁

元代古民居石脚砌筑（标准式）

元代古宅大门外拴马桩石

元代古民居外墙拴马桩石

元代古民居外墙拴马桩石

双窝石盐臼

虎头吉祥花卉盐臼

蒙古武士石盐臼

牧童吉花古盐臼

元代石雕花盆精美图案

元代石雕花盆精美图案

古钱排水口

碾豆糠雕花纹石砣

碾稻米石碾槽

碾稻米石碾盘

古寺庙、古宗祠

云南蒙古

文化展览馆

三圣宫大殿

下村三教寺前殿

下村三教寺前殿花脊、葫芦顶、钩吻、十二属相

下村三教寺玉皇阁

下村三教寺观音阁月台上接柱石（含：须弥座、石狮、奥楞宝瓶形石雕）

下村三教寺玉皇阁照壁龙虎彩绘图

连体“虎”字彩绘图

“魁星舞文弄墨”彩绘图

连体“龙”字彩绘图

＊下村三教寺内观音阁月台上石雕须弥座、石狮驮石雕奥楞宝瓶，系元代曲陀关都元帅阿喇帖木耳始建的孔圣殿，是建筑遗存。

中村观音寺石柱子

中村观音寺照壁

中村观音寺内凤鸣彩绘图

中村观音寺万格窗

中村观音寺格子门木雕

白阁财神庙前化纸库

白阁财神庙山墙

中村鱼抬寺大门木雕

中村鱼抬寺大门木雕

官氏宗祠

官氏宗祠后墙

中村杨氏宗祠花枋木雕

中村杨氏宗祠吊柱木雕

中村杨氏宗祠吊柱木雕

中村杨氏宗祠“福”字彩绘图

中村杨氏宗祠石柱子

中村普氏宗祠大殿

中村普氏宗祠瓦屋面内视图

王氏宗祠大殿

王氏宗祠大殿木雕

王氏宗祠脊骨石鼓墩柱基石

石碑

阿喇帖木耳、旃檀元帅墓志碑

赵氏门中历光远昭穆考妣神主之墓

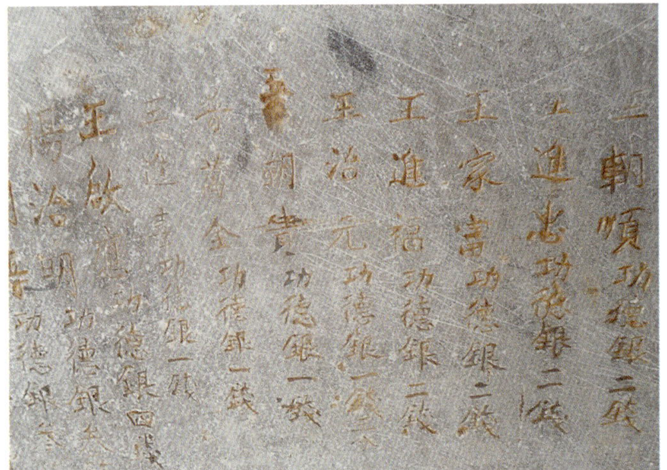

寺庙功德碑

送子求学、鱼化龙、石狮碑刻

古渡观鱼化碑刻

大象头碑刻

潜水捉鱼碑刻

佳城式古墓碑刻

骑马传书碑刻

湖畔钓鱼碑刻

佳城式古石墓

鱼化龙石狮碑刻

麒麟喷泉碑刻

凤凰呈祥碑刻

凤凰传书碑刻

牧童骑象、玉牛衔芝碑刻

渔猎碑刻

武士守灵贡品左图碑刻

武士守灵贡品右图碑刻

佳城式古墓碑刻

新农村建设规划、特色村

现代民居住宅

现代民居住宅

现代民居住宅

白沙凹新农村特色民居规划图

通海县兴蒙蒙古族乡一至五组村庄建

至研和

兴蒙小学

幼儿园

至河西镇

图 例

1	山神庙	16	赵家祠堂
2	公共绿地	17	财神庙
3	老年协会	18	古树
4	下王祠堂	19	古井
5	生态湿地公园	20	古建
6	生态景观湖	21	公共停车场
7	公共厕所	22	凤凰山蒙古文化主题公园
8	观音寺	23	三圣宫
9	村小组	24	官家祠堂
10	公房	25	乡政府
11	公共活动场地	26	公共绿地
12	文化休闲公园	27	王家祠堂
13	污水处理池	28	那达慕广场
14	传统民居	29	传统村落街巷
15	休闲景观亭	30	三教寺

图 例

新规划民房	绿地景观
保留建筑（砖混结构）	道路
保留建筑（土木结构）	污水处理池
村集体公房	景观水系
寺庙及祠堂	村庄规划范围线
公共厕所	传统村落核心保护区范围线
硬地与广场	

规划（2015—2030）——平面规划图

N

0 10 50 100m

凤凰山蒙古文化主题公园

至四街镇

至通海县城

红旗河

玉溪市规划设计研究院有限公司 YUXI URBAN PLANNING & DESIGN INSTITUTE CO.,LTD

兴蒙蒙古族乡人民政府

通海县兴蒙蒙古族乡一至五组村庄建

划（2015—2030）——B 户型效果图

玉溪市规划设计研究院有限公司

兴蒙蒙古族乡人民政府

特色民居效果图

通海县兴蒙蒙古族乡一至五组村庄建

规划（2015—2030）——A 户型效果图

玉溪市规划设计研究院有限公司 兴蒙蒙古族乡人民政府